Dieses Buch gehört:

_____

_____

Das Kochbuch aus Aachen

Küchenschätze aus Aachen
und Umgebung
gesammelt und aufgeschrieben von

Gisela Allkemper

verlegt von

Wolfgang Hölker

ISBN 3-88117-442-7
©1988 Verlag Wolfgang Hölker, Münster
Alle Rechte vorbehalten, auch auszugsweise
Printed in W.-Germany by Druckhaus Cramer, Greven
Musterschutz angemeldet beim Amtsgericht Münster

Inhalt

Die Rezepte sind, wenn nicht anders vermerkt, für 4 Personen berechnet.

Vorwort

1. Die Große Kirche.
2. Das Rathaus.
3. Der Markt.
4. Die Prediger.
5. Die Augustiner.
6. Die Minnen brüder.
7. S. Peters kirche.
8. Die Creutz Brüder.
9. S. Iacobi kirche.
10. Die Carmeliten.
11. S. Cornelius bade.
12. Kaysers bade.
13. Der Hoff.
14. Die graue.

AQVISGRANVM

ACHEN.

15. Der Plain.
16. Der Drieß.
17. Die Roorst.
18. S. Iacobus Pforde.
19. Roorst Pforde.
20. Miessers Pforde.
21. Weingart beghorde Pforde.
22. S. Albrechts Pforde.
23. S. Albrecht.
24. Cölder Pforde.
25. Sanckel Pforde.
26. Berg Pforde.
27. Ponds Pforde.
28. Königs Pforde.
29. Iunckers Pforde.

Merian 1647

Aachen - von den Kelten besiedelt,
          - von den Römern aufgrund der heißen Schwefelquellen
            zur Badestadt ausgebaut.
          - von Karl dem Großen zur Pfalz und zur Krönungs-
            stadt vieler Könige und Kaiser erhoben,
          - wegen der zentralen Lage im Mittelalter
            eine bedeutende Handelsstadt,
          - eine blühende Industrie- und Touristenstadt,
          - Wallfahrtsort, Badestadt und Hochburg des Reitsports,

so stellt sich uns die Stadt vor. Durch sie führt dieser kulinarische
Reiseführer: von Anno dazumal bis heute, von schlicht bis fürstlich,
von rheinisch bis nachbarlich europäisch.

Neben allen Neuerungen und Verbesserungen in der Ernährungsweise, ist uns die Tradition einer landschaftlich ausgerichteten Küche lieb und teuer geblieben. Wissen wir doch, daß sich insbesondere anhand der Eßkultur die Geschichte des jeweiligen Landstrichs ablesen läßt. Bodenverhältnisse und Klima, Politik und Wirtschaft, die Bevölkerungsstruktur – auch die der angrenzenden Gebiete – sind in diesem Zusammenhang von größter Bedeutung.

Aachen macht da keine Ausnahme. Ich möchte vielmehr meinen, daß durch seine illustre Geschichte viele Dinge viel prägnanter in Erinnerung geblieben sind.

Treten wir also unsere kulinarische Reise durch die Jahrhunderte an, die bei Karl dem Großen beginnt.

Probieren Sie selbst, wie man in Aachen früher speiste – nach Rezepten, die nichts an Aktualität eingebüßt haben.

Wenn Kaiser Karl wüßte...

Wenn Karl der Große wüßte, wie nachhaltend er die Geschichte des Landes und seiner Lieblingsstadt Aachen beeinflußt hat, wie vielseitig unser Wissen um ihn und seine Zeitläufe ist, er würde sich wundern und aus dem Staunen nicht herauskommen. Stolz sein dürfte er auf sich und sein Erbe und vielleicht auch schmunzeln über das, was ihm so alles nachgesagt wird. All das zu analysieren und darzulegen, ist jedoch nicht Aufgabe und Anliegen eines solchen Buches. Vielmehr sei hier – wenn auch nur kaleidoskopartig – über seine und seiner Zeitgenossen Art zu essen und zu trinken berichtet.

Als großer Freund von Essen und Trinken kümmerte sich der Kaiser weitgehendst selbst um die Versorgung. Er war ein leidenschaftlicher Jäger, der das Wild mit Lanze, Schwert und Saufeder anging. Das alljährliche vorösterliche Fasten fiel ihm schwer, und er hielt seinem Arzt vor, daß es beileibe nicht gesund sei, sondern vielmehr dem

Körper schade. Und doch paßte er sich als tiefgläubiger Christ den Kirchengeboten an. Man weiß von ihm, daß er in dieser Zeit selten eine Mahlzeit vor dem Abend zu sich nahm.

Der Tisch, auch im kaiserlichen Haushalt, bestand – wie zu den Zeiten üblich – aus einer langen, blankgescheuerten Eichenplatte, in die Vertiefungen eingelassen waren. Diese dienten quasi als Teller für Suppen, Fleisch, Fisch und Brot. Man aß mit den Fingern, und nur hin und wieder, wenn die vorgelegten Fleischstücke zu groß waren, nahm man ein Messer zu Hilfe.

In der Regel tafelten die Männer getrennt von den Frauen. Das öffnete dem unmäßigen Essen und Trinken Tür und Tor; es herrschten rohe Sitten bei Tisch. So kam es häufig zu Streitereien, und das Schwert saß dann sehr locker. Deshalb brachte Karl eine Verordnung heraus, daß gegebenenfalls die ganze Tischrunde für einen Todschlag verantwortlich zu machen sei. Wenn jedoch die Anzahl der Tafelnden mehr als 7 betrug, entfiel das Gebot, wohl aus der Furcht heraus, die Wehrfähigkeit des Adels nachhaltig zu schwächen.

Um jedweder Schlamperei in der Führung seines Hofes und seiner leiblichen Versorgung vorzubeugen, erließ Karl im Jahre 812 eine 70 Punkte umfassende Landgüterverordnung. Er befahl unter anderem, „daß alles, was mit den Händen verarbeitet und zubereitet wird – wie Speck, Rauchfleisch, Sülze, Pökelfleisch, Wein, Essig, Brombeerwein, Würzwein, Most, Senf, Käse, Butter, Malz, Malzbier, Met, Honig, Wachs und Mehl – daß dies alles mit größter Sauberkeit herzustellen sei". Er verbot auch das Keltern von Trauben mittels der Füße.

Über das Halten von Tieren: „Auf unseren Haupthöfen halte man mindestens 100 Hühner und 30 Gänse. Der Zierde willen auch Pfauen, Fasanen, Enten, Tauben, Rebhühner und Turteltauben!" Aber nicht nur die Auswahl an Fleisch stellt Karl als einen Feinschmecker dar, sondern auch seine von ihm verordneten „Beilagen" wie Edelkastanien, Pfirsiche, Mandeln und Nüsse, Feigen, Kirschen und verschiedene Apfel- und Birnensorten.

In seinem Garten zog er mehr als 70 Pflanzenarten, die sowohl der Gesundheit als auch dem Wohlgeschmack dienlich waren. Dazu gehörten an Gemüsen und Salaten unter anderem Erbsen, Möhren, Kohlrabi, Zwiebeln, Bohnen, Porree, Sellerie sowie Endivien und an Gewürzen Rosmarin, Minze, Kerbel, Majoran, Petersilie, Liebstöckel, Pfefferkraut, Knoblauch, Senf und Dill. Aber auch Blumen und Heilkräuter fand man dort in großer Auswahl: Rosen, Nelken und viele Bauernblumen, die bis in unserer Zeit in den Gärten zu finden sind, an Heilkräutern Kamille, Leinsamen, Salbei, Frauenmantel, Melisse, Edelraute, Tausendgüldenkraut und vieles mehr.

Wer zuerst die Bedeutung dieser Gartenführung erkannte, war das Kloster St. Gallen. Es liegt ein Klosterplan von 814 vor, worin ersichtlich ist, daß man sich strikt nach Aachen ausrichtete. Später entstandene Heilkräuterbücher basieren ebenfalls auf diesen Plänen.

Ein Gesetz im Mittelalter besagte, daß sich im Hof oder vor dem Tor der Vornehmen bei besonderen Gelegenheiten die Armen sammeln durften: Sie hatten das Recht „auf die Brotsamen von der Herren Tische". So ist z. B. eine Aufzeichnung von Albrecht Dürer über eine Reise 1520/21 in die Niederlande erhalten. Darin berichtet er über seinen Aufenthalt in Aachen vom 7.–23. Oktober und über die Krönung Karls V, die er in bescheidenem Umfang miterleben durfte. Es heißt dort:

„Ich hab 2 Weißpfenning dem stattknecht geben, der mich auff dem saal führet." Und weiter:

„Item am 23. tag octobris hat man könig Carl zu Ach gecrönt; da hab ich gesehen alle herrlich köstlichkeit, deßgleichen keiner, der bey uns lebt, köstlicher ding gesehen hat…"

Gisela Altkemper

11

Fleischgerichte

BASILICA ✝ DIVÆ. VIRGINIS MATRIS
STRVCTA ✝ CVM SEPTI
Unser l. Frauwen Kirch zu Aach vom ✝ Kaiser Carol
tumbsfart w

W. Hollar 1632

Zu allen Zeiten ist immer viel und gern Fleisch gegessen worden. Die Hauptzubereitungsarten waren das Braten großer Stücke am Spieß oder das Sieden im Kessel. So weiß man, daß Karl dem Großen, der gerne viel Fleisch aß, vom Genuß gebratenen Fleisches abgeraten wurde, sehr zum Unwillen des Kaisers. Sein Leibarzt empfahl ihm dagegen Gesottenes.

Sicherlich brauchten die Menschen früher viel Kraft für die körperliche Arbeit. Fleisch mit seinem hohen Proteingehalt war daher für die Ernährung unerläßlich. Mangelhafte Konservierungs- und Lagermöglichkeit zwangen jedoch dazu, den häufig „strengen Geruch" mit starken Gewürzen oder durch Beizen zu überdecken. Daß das nun nicht gerade zur Gesundheit beitrug, läßt sich leicht denken.

Kalbskopf nach Schildkrötenart

Dieses Gericht wurde bei Festbanketten des vorigen Jahrhunderts als Zwischengericht serviert. Man aß es nach der Suppe vom Suppenteller. Schildkrötenart bedeutet, daß man zum Kochen die gleichen Kräuter verwandte wie beim Kochen von Schildkröten.

1 Kalbskopf, Salzwasser, 1 Zitrone, 1 Eßl. Pimentkörner, 1 Büschel grüne Suppenkräuter (Petersilie, Thymian, Estragon, Majoran, Liebstöckel), 2–3 Zwiebeln, 3 Lorbeerblätter, 10 weiße Pfefferkörner, 1/2 Flasche Weißwein
Für das Ragout: 500 g Kalbsbrät, 2 Eier, 1 eingeweichtes Brötchen, Salz, Pfeffer, 250 g Champignons, 20 g Butter, einige Trüffelscheiben und gefüllte Oliven, 2–3 Pfeffergürkchen, 2 Eßl. Mehl, 1/4 l Brühe, 2 Gläschen Madeira
Garnitur: Geröstete Weißbrotscheiben, gekochtes Kalbshirn, gebratene Eier.

Den Kalbskopf vom Metzger topffertig vorbereiten lassen. Die Zunge herausschneiden. Das Hirn herausnehmen und gesondert in Salzwasser kochen (siehe Rezept nächste Seite). Den Kopf spalten, das Kräuterbündel einlegen, wieder zusammenfügen und mit einem Faden umwickeln. Ganz mit kochendem Salzwasser bedecken. Die

Zunge zugeben. Die Zitrone in Scheiben schneiden, die Zwiebeln schälen. Mit den übrigen Zutaten in das Kochwasser geben. Den Kopf darin etwa 2 Stunden kochen lassen, bis er gar ist.

Inzwischen das Ragout vorbereiten. Das Kalbsbrät mit den Eiern, dem ausgedrückten Brötchen, mit Salz und Pfeffer pikant abschmecken und verkneten. Klößchen daraus formen. Die Pilze putzen und blättrig schneiden. Beides in Butter braun anbraten. Mit Mehl bestäuben, mit Brühe ablöschen und gut durchkochen. Die übrigen Zutaten darin erhitzen. Mit Madeira abschmecken.

Den Kalbskopf absuchen, das Fleisch auf eine tiefe, vorgewärmte Platte legen. Die Zunge abziehen, in Scheiben schneiden und auch auf die Platte legen. Mit dem Ragout übergießen.

Dazu serviert man das auf gerösteten Weißbrotscheiben angerichtete Kalbshirn mit den Eiern.

Kalbshirn

1 Kalbshirn, Salzwasser, 1 Prise Pfeffer, 1 Eßl. Butter

Das Kalbshirn gut wässern, indem man es mehrere · Male mit kochendem Wasser übergießt. Häuten, die Adern entfernen und 10 Minuten in Salzwasser kochen. In Stücke schneiden, in Butter leicht anbraten.

Sauerbraten, Aachener Art

In früheren Zeiten aus der Pferdekeule zubereitet, wird Sauerbraten heutzutage aus Rindfleisch gemacht. Die Printen, die unbedingt zu diesem Gericht gehören, sind Kräuterprinten. Es gibt sie als „Bruchprinten" preiswert in den Geschäften zu kaufen.

1,5 kg Rindfleisch
Für die Marinade: 3/4 l Wasser, 3/8 l Rotweinessig, 1 Teel. Salz, 1 Eßl. Zucker, 3 Zwiebeln, 2 Möhren, 1 Stange Lauch, 5 Nelkenköpfe, 10 Wacholderbeeren, 5 schwarze Pfefferkörner (leicht zerstoßen), 1 Teel. Senfkörner, 3 Lorbeerblätter, je 1 Messerspitze gemahlener Koriander und getrockneter, zerriebener Majoran, 1 Teel. getrocknete Rosmarinnadeln
Zum Braten: 2 Eßl. Schmalz, 1/2 l Brühe, 1/4 l Marinade, Salz, Pfeffer, 200 g Rosinen
Für die Sauce: 1 Eßl. Seäm (Apfel- oder Rübenkraut), 1–2 Printen, Salz, Pfeffer, evtl. etwas Sahne
Außerdem: 50 g Mandelblättchen

Das Gemüse waschen, putzen und zerkleinern. Mit allen anderen Zutaten für die Marinade in einen Kochtopf geben und aufkochen. Das Fleisch in eine Steingut- oder Porzellanschüssel legen und mit der lauwarmen Marinade übergießen. Das Gemüse mit dazugeben. 3–4 Tage ziehen lassen, dabei 2 mal am Tag wenden.

In einem Brattopf das Fett erhitzen. Das Fleisch aus der Marinade nehmen, mit Küchenkrepp abtupfen und mit Salz und Pfeffer ringsum einreiben. Von allen Seiten schön braun anbraten. Mit Brühe und Marinade (das Gemüse aus der Marinade schmort auch mit) ablöschen. Den Deckel auflegen und auf dem Herd oder im Backofen bei 200° C weich schmoren. Das Fleisch herausnehmen und 10 Minuten ruhen lassen. Den Bratenfond durchseihen. Die Rosinen hinzufügen. Die Printen zerbröseln und darin aufkochen. Mit dem Schneebesen zu einer glatten, leicht gebundenen Sauce schlagen. Mit Apfel- oder Rübenkraut abschmecken, mit Mandelblättchen bestreuen. Das Fleisch in Scheiben schneiden.

Dazu serviert man Salzkartoffeln, Rotkohl und Apfelmus.

Eingelegtes Kaninchen

Kaninchenbraten gab es zu Großmutters Zeiten traditionell am 1. Weihnachtstag zum Mittagessen.

1 Stallkaninchen (küchenfertig vorbereitet), Marinade und Bratzutaten wie beim Sauerbraten (siehe Rezept Seite 16)

Das Kaninchen zerteilen und in der Marinade 2–3 Tage liegen lassen. Anbraten und garen wie den Sauerbraten im vorigen Rezept. Auch die Beilagen sind die gleichen. Statt des Rotkohls kann man Erbsen und Möhren servieren.

Tip: Wer die Rosinen nicht in der Sauce mag, gibt sie mit dem Gemüse zum Fleisch und streicht sie nachher mit durch das Sieb.

Puttes

Puttes, ein Blutwurstgericht, wird besonders zu Karneval gern gegessen. Vielleicht soll so die Zeit des „carne vale" („Fleisch, lebe wohl"), also die fleischlose Fastenzeit, symbolisch eingeläutet werden. Neben den berühmten „Kamellen" wird bei den Karnevalsumzügen auch Puttes, stückchenweise verpackt, unter das jubelnde Volk geworfen. Diese Umzüge zur Karnevalszeit haben ihren Ursprung in den Heischegängen des Mittelalters. Bettelnd zog das arme Volk durch die Straßen, und trotz strikter Verbote – um 1400 – hielt man an diesen Umzügen fest, aber: maskiert und verkleidet.

1 kg Schweinefleisch ohne Fett, 2 Eßl. Griebenschmalz, 3 dicke Zwiebeln, 2 in Milch eingeweichte Brötchen, 2 Teel. Majoran, 1 Teel. Koriander, Pfeffer, Salz, 1 1/2 l Schweineblut, 500 g Buchweizenmehl

Das Fleisch, die ausgedrückten Brötchen und die gehäuteten Zwiebeln durch die feine Scheibe des Fleischwolfes drehen. Das Schmalz in einem großen Topf zerlassen. Die durchgedrehte Masse darin leicht anbraten und würzen. Das Schweineblut einrühren und aufkochen. Unter ständigem Rühren garen. Danach mit Buchweizenmehl steif eindicken. Den Brei in Schüsseln füllen und erkalten lassen. Scheiben davon abschneiden und in der Pfanne in Schmalz kurz braten. Dazu serviert man entweder rheinisches Schwarzbrot oder Kartoffelpüree und Sauerkraut.

Man ißt Puttes auch kalt zum Brot. Häufig kauft man den Brei leicht angeräuchert, dann schmeckt er kalt besonders gut.

Gebratene Blutwurst

Alle Jahre wieder reichte man früher zum 2. Frühstück am Weihnachtsmorgen gebratene Blutwurst. Sie mußte ganz frisch sein, wurde mit der „Pelle" in Scheiben geschnitten und in der Pfanne in heißem Fett schnell kroß ausgebraten. Da die frische Wurst leicht in der Pfanne hängenblieb, war es wichtig, daß man sie in ganz heißem Fett und schnell zubereitete. Dazu briet man außerdem Zwiebeln und Apfelscheiben und reichte das Gericht mit rheinischem Schwarzbrot.

Heute ist dieses Blutwurstgericht mit Kartoffelbrei und Sauerkraut ein beliebtes Mittagessen an kalten Wintertagen.

„Kaviar mit Musik"

500 g geräucherte Kräuterblutwurst, 3 Zwiebeln, scharfer Senf, Roggenbrötchen

Die Blutwurst enthäuten und in dicke Scheiben schneiden. Die Zwiebeln hauchdünn schneiden. Die Brötchen aufschneiden, dick mit Senf bestreichen, zuerst mit der Wurst, dann mit den Zwiebelringen dick belegen.

Na, wenn das keine „Musik" macht?!

Flöbbes

Sülze, mundartlich „Flöbbes" genannt, ist kein Fleisch, so sagen augenzwinkernd die Aachener. Also darf man sie auch freitags essen. Vom Fleischeinkauf für den Sonntagsbraten brachte die Mutter häufig eine dicke Scheibe Flöbbes mit. Die teilte sich die Familie und aß sie zu Brot.

In manchen Haushalten aber bereitete man daraus

Flöbbessalat

zu.

1 dicke Scheibe Sülze, 2–3 Gewürzgurken, 1 Zwiebel, Öl, Essig, Salz, Pfeffer, Zucker

Die Sülze in Würfel schneiden. Die Gürkchen und die Zwiebel fein hacken. Mit den Saucenzutaten vermischen und bis zum Verzehr kühl stellen.

Masthühner
mit eingemachten Früchten

2 dicke, fleischige Masthühner oder -hähne, Salz, Pfeffer, Paprikapulver, Öl, 250 g gemischtes Trockenobst, 1/2 l trockener Weißwein

Das Obst in dem Weißwein eine Nacht quellen lassen. Die Hühner innen und außen würzen und auf einen Drehspieß stecken. Mit Öl einpinseln.

Das Obst mit der Flüssigkeit (falls keine mehr vorhanden, etwas Wein zugießen) in die Fettpfanne des Backofens geben. Die Hühner darüber einhängen und rotierend braten. Dabei öfter mit Öl bepinseln. Das Fett, das in das Obst tropft, gibt diesem eine interessante Geschmacksnote.

Körnig gekochten Reis dazu servieren.

Gänsebraten zu Martini

An Martini begann früher das neue Wirtschaftsjahr, was bedeutete, daß die Pächter ihren Jahreszins an die „Herrschaft" zu zahlen hatte. Man handelte nicht mit Geld, sondern man bezahlte in Naturalien. Konnten die Jahresabgaben nicht beigebracht werden, wurden die Pachtverträge nicht verlängert. Der Spruch „Martin ist ein harter Mann" mutet, so gesehen, nicht falsch an. An den Abgabetagen stellten sich aber auch fahrende Händler ein. Sie nutzten die Gelegenheit, ihre Ware an den Mann zu bringen. So wurde mit der Zeit aus dem von vielen gefürchteten Tag auch ein Tag des Jahrmarkttreibens. Ein wichtiges Symbol dafür war das Braten von Gänsen an großen Spießen auf dem Marktplatz.

Dieser Brauch wird erstmals 1171 in den Niederlanden belegt und fand bald grenzübergreifend seine Freunde. Die Gänse, fettgemästet auf den Wiesen, mußten geschlachtet werden, denn das Weiterfüttern im Stall war zu teuer.

Das Füllen und Braten der Gänse im Topf kam erst später auf.

Gans mit Kastanienfüllung

1 topffertig vorbereitete Gans von ca. 3,5–4 kg, Salz, Pfeffer, Majoran, 1 kg Kastanien, 250 g Rosinen, 1/8 l Rotwein
Zum Braten: 2 Zwiebeln, 1/8 l Fleischbrühe, etwas Sahne

Die Kastanien einritzen und in einer Pfanne trocken rösten, bis die Schalen aufplatzen. Abziehen, die Häutchen entfernen.

Die Rosinen 1 Stunde in dem Rotwein quellen lassen.

Die Gans außen und innen würzen, mit den ganzen Kastanien und den abgetropften Rosinen füllen und zunähen. Die Fleischbrühe in einen großen Gänsebräter gießen. Die Gans mit der Brustseite nach unten hineinlegen. Mit den kleingeschnittenen Zwiebeln umlegen. Den Deckel schließen und 90 Minuten bei 200° C schmoren. Den Deckel abnehmen. Das überschüssige Fett, das ausgebraten ist, abschöpfen und anderweitig verwenden. Die Gans wenden, mit Salzwasser bepinseln und noch einmal für 40 Minuten in den Ofen schieben. Der Deckel wird nicht wieder aufgelegt, so daß die Gans knusprig braun braten kann. Öfter mal mit Salzwasser bepinseln.

Ist die Gans gar, nimmt man sie aus dem Fond und hält sie im Ofen warm. Den Fond noch einmal entfetten. Alles Braune vom Topfrand abkratzen. Den Rotwein (von den abgetropften Rosinen aufgefangen) zugießen und leicht einkochen lassen. Die Sahne angießen. Sie macht die Sauce samtig weich.

Die Gans wird am Tisch tranchiert. Die Füllung herausnehmen und löffelweise zu den Fleischstücken legen. Die Sauce gesondert reichen. Dazu ißt man Rotkohl und Kartoffelklöße.

Notizen und weitere Rezepte

aus Aachen

Wildgerichte

LOU

G.

Schon zu Zeiten Karls und noch bis in unsere jüngere Zeit war das Jagen ein Vorrecht des Adels. Von Karl dem Großen weiß man, daß er das Wild für seine Tafelrunde selbst erlegte. Er jagte fast ausschließlich Großwild, und zwar mit Lanze und Saufeder. Das war keine ungefährliche Sache. Als er bei einer dieser Großjagden einmal so stark verletzt wurde, daß er aufgeben mußte, erlegte ein Gefolgsmann das bereits stark angeschlagene Tier. Da war er zutiefst über diesen Mann beleidigt, der doch – weiß Gott – nichts dafür konnte.

Wildgeflügel und Vögel (z. B. Krammetsvögel) wurden von bestellten Waidmännern niedrigeren Adels erjagt oder gefangen. Das Fangen der Drosseln war – besonders im Mittelalter – ein beliebter Sport. Man fing die Vögel mit Hilfe eines Lockvogels und mit Netzen. Sie gaben eine delikate Vorspeise bei Festbanketten ab.

Das gemeine Volk hatte das Nachsehen in puncto Jagd. Es hielt sich deshalb weitgehend durch Wildern schadlos. Eine Ausnahme in dem Jagdverbot gab es: Wenn schwangere Frauen Gelüste auf Wildfleisch hatten, die Bauern eben dieses sich erjagen durften.

Die erlegten Rehe, Hirsche und Wildschweine wurden am Spieß gebraten. Das Niederwild wanderte in die Fleischkessel. Im späten Mittelalter, als die höfische Tafel zu eleganten Festmählern einlud, kamen noch die wunderbaren Pasteten dazu. So bildete sich recht bald die Zunft der Pastetenbäcker heraus, die diese besonders delikaten Genüsse zu backen und anzurichten verstand.

Wie bei der Vorratshaltung von Fleisch galt auch bei Wild: Alle Fleischstücke, die über die Zeit lagerten, mußten entweder durch Marinieren haltbar oder durch Überwürzen wieder schmackhaft gemacht werden.

Hier nun einige Rezepte:

Rebhuhnsuppe
(Rezept von 1812)

Man putze ein Rebhuhn rein, brate es am Spieß halb nur aus, damit es saftig bleibt, nehme es vom Spieß, schneide es zusammen, stoße das Fleisch sammt dem Knochen, nebst zwey in Schmalz gebackenen Weißbrotschnittchen, in einem Mörser zusammen, lasse in einem Tiegel Abschöpf-Fett zergehen, schneide gereinigtes Petersiliengrün und Zwiebel dazu, und lasse es anlaufen, bringe das Gestoßene auch hinein und lasse es zusammen ein wenig dämpfen, fülle es mit guter Fleischbrühe auf, lasse es gut aussieden, und reibe sie durch ein Haarsieb über geröstete Weißbrotschnittchen, gebackene Nudeln oder dergleichen, und sie ist zum Auftragen fertig.

Hasenbraten

1 küchenfertiger Hase, Salz, Speckstreifen, Butter, $^1/_8$ l Rotwein, 1–2 Printen, $^1/_4$ l Brühe, Zitronenscheiben

Der Hase wird mit dem Speck gespickt sowie innen und außen mit Salz eingerieben. Am Spieß braten und öfter mit Butter bestreichen. Dabei eine Pfanne unter den Braten schieben, um das überschüssige Fett und den Fleischsaft aufzufangen. Wenn der Hase weich ist, den Bratensaft mit Rotwein auf dem Herd loskochen. Die Printen zerbröseln. Mit der Fleischbrühe in den Fond geben und dicklich ausquellen lassen. Den Hasen vor dem Servieren mit Zitronenscheiben belegen.

Hasenpfeffer

1 ganzer Hase (küchenfertig), Fett zum Anbraten, 1 Tasse Mehl, etwas Lebkuchen oder Schwarzbrot, 2 Teel. Johannisbeergelee, 2 Teel. Kakao, Zucker und Salz zum Abschmecken
Für die Marinade: 1 Fl. Rotwein, 2 Lorbeerblätter, 2 Nelken, einige Zitronenscheiben, einige Pfefferkörner, 1 Teel. Salz

Den Hasen zerteilen und in die Marinade legen. 2 Tage darin beizen. Das Fett auslassen, das Mehl einrühren und bei kleiner Flamme zimtfarben rösten. Mit Marinade ablöschen. Die Hasenteile einlegen und darin köcheln lassen. Zwischenzeitlich umrühren und Lebkuchen, Johannisbeergelee sowie Kakao zufügen. Ist das Fleisch gar, nimmt man es aus der Sauce, dickt diese mit Mehl nach und schmeckt sie mit Zucker und Salz ab. Die Hasenteile in die Sauce geben und bis zum Servieren warm halten.

Dazu gibt es Rotkohl und Kartoffeln.

Kesselfleisch mit Rosinensauce

Beim Vorbereiten des Wildes fällt Kleinfleisch an, das man nicht mitbrät, sondern kocht. Dazu dienen vor allem Hals, Vorderläufe, Bauchlappen. Man kocht es in Fleischbrühe weich.

Für die Sauce: 40 g Butter, 20 g Mehl, 1 zerbröselte Printe, 1/4 l Wildbrühe, 1/8 l Rotwein, 60 g Zucker, 1 Eßl. grob gemahlener Pfeffer, 250 g Rosinen, 125 g gestiftelte Mandeln.

Die Butter mit dem Mehl und den Bröseln braun anrösten. Alle übrigen Zutaten dazugeben und kräftig durchkochen. Das Wildfleisch in eine tiefe Schüssel legen und mit der Sauce übergießen.

Wildpastete

750 g dunkles, gebratenes Wildfleisch (Hase, Kanin, Reh, Hirsch), 500 g frischer Speck, 2–3 gedämpfte Zwiebeln, 500 g Kalbsleber, 1 Röhrchen Sardellen, Majoran und Thymian nach Geschmack, Salz, Pfeffer, 1 Gläschen Rum
Für den Aspik: 1 l Brühe, Pfeffer, Salz, Worcestersauce, 2 Päckchen gemahlene Gelatine

Das Wildfleisch in kleine Würfel schneiden. Den Speck in dünne Scheiben schneiden und eine Pastetenform damit ausschlagen. Einige Scheiben zum Abdecken der Pastete zurückbehalten. Den restlichen Speck, die Zwiebeln und die Leber durch den Fleischwolf drehen. Die Sardellen fein hacken und zu der Masse geben. Diese würzen und mit Rum abschmecken. In die Form jetzt eine Lage dieser Masse füllen, darauf Wildfleisch. Abwechselnd weiterschichten, bis alles verbraucht ist. Mit Speckscheiben abdecken, die Form fest verschließen und 2 Stunden im Backofen bei 225° C garen.

Nach dem Backen die Brühe, die sich gebildet hat, abgießen und diese mit Wasser auf 1 l Flüssigkeit auffüllen. Mit Pfeffer, Salz, Worcestersauce würzen. Die aufgelöste Gelatine einrühren. Die Speckscheiben entfernen, den Aspik über die Pastete gießen und erstarren lassen. Da der Aspik während des Gelierens an Geschmack verliert, würzt man ihn sehr kräftig.

Notizen und weitere Rezepte

aus Aachen

Fisch

Das Pala

thauſe zu Achen.

Merian 1647

Strenge Fastengebote sollten im Mittelalter die allzu üppig gedeckten Tische des Adels, des Klerus' und der reichen Kaufmannschaft reduzieren helfen. Diese Kirchengesetze richteten sich hauptsächlich gegen den überaus reichlichen Fleischgenuß. Wer denkt da nicht sogleich an wohlgenährte Mönche? Die Tagelöhner, Bauern und Handwerker berührte das Gebot insofern kaum, als sie sich mit Ausnahme der Produkte aus eigener Schlachtung oder rechtswidriger Jagd sowieso kein Fleisch leisten konnten. Sie wichen auf billigen Fisch aus, was nicht schwer war, denn die Flüsse, Teiche, Seen und Meere boten eine reichhaltige Palette dieser Köstlichkeiten an. Frisch, eingesalzen oder getrocknet kamen die Fische auf den Markt. Und obschon sich die Vornehmen den Geboten der Kirche zähneknirschend beugten, blieb der Fisch für sie immer „das Fleisch der Hungerleider".

Stockfisch in Milch

Stockfisch, als der billigste Fisch überhaupt, gehört seit Jahrhunderten zu den beliebtesten Fastenspeisen. Zubereitet mit Öl und Rosinen, war er sogar hoffähig. Auch heute noch finden wir ihn freitags auf den Speisezetteln der Aachener.

500 g Stockfisch, 30 g Soda, 2 Eßl. Rüböl, 2 Zwiebeln, ¼ l Milch, Pfeffer

Den Stockfisch lagenweise mit Soda bestreuen, mit kaltem Wasser übergießen. 2 Tage kühl stehen lassen. Danach abspülen, die Schuppen entfernen und in klares, kaltes Wasser legen. Alle 3–4 Stunden das Wasser wechseln. 24 Stunden wässern. Danach mit frischem kalten Salzwasser auf den Herd setzen und erhitzen. 2 Stunden heiß halten, aber nicht kochen lassen. Der Fisch soll weich „ziehen", sonst zerfällt er. Danach das Wasser abgießen. Milch erhitzen. Den Stockfisch darin warm halten. Die Zwiebeln in Ringe schneiden und in dem Öl braten. Über den Fisch gießen.

Dazu ißt man Salzkartoffeln und Salat oder Spinat.

Wenn man will, kann man die Milch mit Mehl leicht eindicken und als Sauce beigeben.

Tip: Statt in Milchsauce servierte man den Fisch auch gern mit Senfsauce.

Heringsstipp

Wenn man früher aus dem Theater kam, oder nach einem schönen Karnevalstag, bildete der Heringsstipp einen beliebten Abschluß. Er war aber auch ein Freitagsgericht! Sparsame Leute lassen dann die Sahnesauce weg und beizen die Heringe in einer klaren Sauce aus Öl und Essig. Der Essig wird mit der doppelten Menge an Wasser und mit den Gewürzen aufgekocht und zum Auskühlen beiseite gestellt.

8 Salzheringe, 2 Gewürzgurken, 3 Äpfel, 4 kleine Zwiebeln (oder 2 dicke), 1 Becher saure Sahne, Salz, Pfeffer, Zucker, etwas Essig, 3–4 Lorbeerblätter, je 1 Teel. Pfeffer- und Senfkörner, Kräuter nach Belieben, gehackte Nüsse

Die Heringe einige Stunden wässern. Dabei das Wasser häufig erneuern. Abgießen, Kopf und Schwanz abschneiden. Die Gräten entfernen. Das Heringsfleisch in löffelgroße Stücke schneiden. Die Zwiebeln häuten und in Ringe schneiden. Die Gurken und Äpfel würfeln. Die Sahne mit den übrigen Saucenzutaten vermengen und pikant abschmecken. Lagenweise Heringe, Apfel- und Gurkenstückchen sowie Zwiebelringe in einen Steintopf schichten. Mit gehackten Kräutern und Nüssen anreichern, dann mit der Sauce übergießen. Nach einigen Stunden vorsichtig umrühren.

Dazu Pellkartoffeln und Salat servieren.

Heringssalat

In vielen Familien ist es auch heute noch Brauch, am Heiligen Abend und an Silvester diesen Heringssalat zu essen. Er ist so recht die Alternative zu all dem süßen Gebäck, das man auf den Gabentellern vorfindet.

3 Salzheringe, 2 große saure Äpfel, 375 g gekochte Kartoffeln, 2 große Gewürzgurken, 125 g rote Bete aus dem Glas, 200 g gekochtes Rindfleisch, 2 Zwiebeln, 50 g Walnußkerne, 2 Eßl. Mayonnaise, 1/4 l saure Sahne, Zucker, Salz, Pfeffer, etwas Rote-Bete-Saft, Petersilie, 2 hartgekochte Eier

Den Hering einige Stunden wässern, enthäuten, entgräten und in Würfel schneiden. Ebenso würfelt man die Äpfel, Kartoffeln, Gurken, Zwiebeln, rote Bete und das Fleisch. Die Walnußkerne werden grob gehackt. Die Mayonnaise wird mit der Sahne und dem Rote-Bete-Saft verschlagen und danach gewürzt. Sauce und Zutaten gut vermengen. In eine Glasschüssel füllen, kalt stellen, damit der Salat gut durchziehen kann. Vor dem Servieren mit gehackter Petersilie und den in Achtel geschnittenen Eiern garnieren.

Fischsalat

1 kg Fischfilet, 1 l Brühe, 2 Lorbeerblätter, 1 Stange Lauch, 1 Möhre, 1 Stück Sellerie, 1 Petersilienwurzel, 1 Zwiebel, 1 Eßl. Essig oder Weißwein
Für die Sauce: 1 Becher saure Sahne, Saft von 1/2 Zitrone, 1 Tasse Fischsud, 1 gehäufter Teel. Senf, 2 Eßl. Öl, 1/2 Bund gehackte Petersilie, 1 Bund geschnittener Schnittlauch, 1 feingehackte Zwiebel, Salz, Pfeffer, evtl. 1 Prise Zucker

Das Gemüse waschen, putzen und in Stücke schneiden. Mit den Lorbeerblättern in der Brühe 10 Minuten kochen. Durchseihen, den Wein zugeben und aufkochen. Den Fisch in große Würfel schneiden, in den kochenden Sud legen. Vom Herd nehmen und 10 Minuten im Sud ziehen lassen. Danach vorsichtig herausnehmen und abkühlen lassen. Die Sauce zusammenrühren. Den ausgekühlten Fisch in eine Schüssel legen und mit der Sauce übergießen.

Aal-Ragout, Biedermeier Art

Im Mittelalter bis hin zur Biedermeierzeit wurde das mittägliche Essen durchweg in großen Kesseln oder an Bratspießen über dem offenen Holzfeuer zubereitet. Das galt für die fürstlichen Küchen wie für die der Bauern. Die Kesselgerichte, sozusagen Vorläufer der heutigen „Pots-au-feu", lieferten viele verschiedene Eintöpfe. Wurde nicht alles gegessen, so blieb der Rest im Kessel und konnte am anderen Tag mit dem, was man gerade vorrätig hatte, wieder aufgefüllt werden. Ein neuer Eintopf entstand. Ausgewaschen wurde der Kessel nur dann, wenn Fleisch- und Fischgerichte einander abwechselten.

Hier nun solch ein typischer Fisch-Kessel.

1 kg Aal, Salz, Pfeffer, Zitronensaft, 2 Eßl. Mehl, 1 Eßl. Butter, 500 g frische Champignons, 2 kleine Zwiebeln, 250 g frische Erbsen, 1/2 l Brühe, je 1 Tasse frisch ausgepreßter Traubensaft und Weißwein, 1 Prise Nelkenpulver, 1 Eßl. Kapern, 1 Eigelb

Den Aal häuten und in fingerlange Stücke schneiden. Mit Salz und Pfeffer einreiben, mit Zitronensaft beträufeln. 15 Minuten marinieren, dann durch Mehl wälzen und in der Butter braun anbraten.

Inzwischen die Pilze waschen und putzen (große evtl. halbieren). Die Zwiebeln häuten und vierteln. Mit anbraten. Mit Brühe ablöschen, die Erbsen dazugeben. Das Gericht 10 Minuten bei mäßiger Hitze garen. Danach mit Wein und Traubensaft verfeinern. Mit Salz, Pfeffer und den angegebenen Gewürzen abschmecken und mit dem Eigelb leicht legieren. Das Ragout soll durchaus noch suppig sein.

Dazu: Weißbrotscheiben in einer Pfanne rösten, jeweils eine Scheibe in einen Suppenteller legen. Darauf das Ragout häufeln und mit der Suppe übergießen.

Muscheln

1 kg Muscheln, Salzwasser, 2 kleingeschnittene Zwiebeln, 1 Eßl. Weißwein, Salz, Pfeffer
Zum Braten: 60 g Butter, 2 Eßl. Mehl, Zitronensaft, Muskatnuß

Die Muscheln mit einer Bürste unter fließendem Wasser säubern, die Bärte abzupfen. In einen großen Topf geben (nur die geschlossenen, die geöffneten sind verdorben), mit Salzwasser knapp bedecken, die übrigen Zutaten zugeben und 10 Minuten kochen lassen.

Das Muschelfleisch aus den geöffneten Schalen brechen und mit Mehl bestäuben. Die Butter in einer Pfanne aufschäumen lassen, die Muscheln darin rundum braun anbraten und mit Zitronensaft und einer Spur Muskatnuß verfeinern.

Dazu nur Brot reichen.

Waterzooi

Waterzooi ist ein Ragout, sei es aus Fleisch oder mit Fisch zubereitet. Ursprünglich flämisches Nationalgericht, fand es auch bald seine Liebhaber in Aachener Küchen. Ob mit Fleisch oder Fisch, Waterzooi wird immer auf einem Gemüsebett im Ofen gegart, mit Paniermehl oder Printen angedickt und mit Stangenweißbrot oder gerösteten Brotscheiben serviert.

Waterzooi vom Fisch

Je 750 g Hecht, Aal und Karpfen (oder auch beliebiger anderer Fisch), Salz, Pfeffer, 1 mittelgroße Petersilienwurzel (oder 3–4 Stengel Petersilie), 1 Staude Bleichsellerie, 1/2 l Brühe, 1 Bouquet garni (Kräutersträußchen), 3 Salbeiblätter, 2 Lorbeerblätter, 125 g Butter, Printen, Paniermehl oder zerriebener Zwieback, 2 Eßl. Weißwein

Die Fische abziehen, entgräten und in fingerlange Stücke schneiden. Mit Salz und Pfeffer bestreuen und 25 Minuten zugedeckt ziehen lassen. Vom Sellerie die Blätter abschneiden und beiseite legen. Die ganz groben Stengel schälen. In Juliennestreifen schneiden. Die Petersilienwurzel waschen, putzen und ebenfalls streifig schneiden. Die Kräuter waschen. Eine Tonform wässern. Die Hälfte der Butter in Flöckchen in den ausgespülten Topf geben. Darauf die Sellerie- und Petersilienstreifen legen. Nun die Fischstücke einschichten. Das Kräutersträußchen dazwischen legen. Darauf die übrige Butter und so viel Brühe geben, daß der Fisch fast bedeckt ist. Etwas Salz darüberstreuen. Den Topf schließen und in den kalten Ofen schieben. Bei 200° C 20 Minuten garen. Den Deckel abnehmen und 10 Minuten bei offenem Topf kochen lassen. Danach etwas Weißwein und Paniermehl oder Kräuterprintenbrösel einstreuen und vorsichtig untermengen, damit die verbliebene Sauce leicht gebunden wird. Die Sellerieblätter hacken. Mit Salz und Pfeffer nachwürzen. Die Blättchen darüberstreuen und sofort servieren. Man ißt Waterzooi aus der Form und reicht dazu Salzkartoffeln oder Stangenweißbrot, Brötchen und Zitronenachtel. Wer das Gericht säuerlich möchte, kann es mit dem Zitronensaft individuell abschmecken.

Weinsauce zu Fisch

Für die Fischbrühe bedeckt man 1 kg Fischabfälle (Köpfe, Schwänze, Gräten und Haut) knapp mit Wasser und gibt 1 Teel. Essig sowie Salz, Pfeffer, 1 Zwiebel und geputztes, kleingeschnittenes Suppengrün dazu. 10 Minuten kochen lassen. Durchseihen.

Reste der Brühe, die Sie im Moment nicht brauchen, lassen sich gut einfrieren.

1 Tasse Weißwein, 1 Tasse Fischbrühe, 1 kleingehackte Zwiebel, Salz, Pfeffer, 1/2 Teel. getrockneter Estragon, 4 Eigelb, 60 g Butter in Stückchen

Den Wein und die Brühe mit der Zwiebel und den Gewürzen aufkochen. Den Topf dann ins Wasserbad stellen. Die Eigelb mit dem Schneebesen darin schaumig schlagen. Nach und nach die Butter zugeben. Die Sauce muß cremig abbinden, darf aber nicht kochen, da die Eigelb leicht gerinnen.

Man reicht die Sauce zu gebratenem oder gedünstetem Fischfilet. Als Beilage geben Sie gekochten Reis, Zitronenachtel und grünen Salat dazu.

Biersauce zu Fisch

2 große Petersilienwurzeln, 1 große Zwiebel, 1 Möhre, 1 Eßl. Butter, 1/2 l bis 3/4 l Malzbier, 40 g Saucenlebkuchen oder Gewürzprinten, 1 Eßl. Zitronensaft, Salz, Pfeffer, Zucker

Die Petersilienwurzeln putzen, in feine Scheiben, dann in ganz kleine Würfel schneiden. Die Zwiebel und die Möhre ebenfalls fein würfeln. In Butter goldgelb anbraten. Mit dem Bier ablöschen und 30 Minuten köcheln lassen. Die Printen zerkrümeln und in die Sauce geben. Stampfen, damit sie dicklich ausquellen. Mit Zitronensaft, Salz, Pfeffer und Zucker pikant abschmecken.

In dieser Sauce läßt man Fischstücke (z. B. Aal, Hecht oder Karpfen) gar ziehen.

Notizen und weitere Rezepte

Gemüse und Salate

C.Frommel del.

H.Winkles sculp.

I. Gemüse

Aachen hat schon immer von den fruchtbaren Böden ringsum profitiert. Bauern und Markthändler aus dem Umland – auch aus Holland und Belgien – boten und bieten noch heute in Frische und Vielfalt ihre Gemüse auf dem Aachener Markt an.

Ungewöhnlich viele und gute Gemüsegerichte entstanden so mit der Zeit. Uns bleibt hier nur der Platz für einige ganz typische, in anderen Landesteilen Deutschlands unbekannte Rezepte.

Erbsbrei

Der Spruch:

„Erbsbrei heiß, Erbsbrei kalt,
Erbsbrei im Topf, neun Tage alt"

läßt die Häufigkeit und Haltbarkeit dieses Breies erahnen. Er wurde vor allem zum Pökelfleisch, z. B. Eisbein, gegessen. Es wird aber auch berichtet, daß Reste als Brotaufstrich dienten.

500 g gelbe oder grüne getrocknete Erbsen, 1 l Wasser, Salz, Pfeffer, 1 Teel. Thymian, 1 Zwiebel, 1 Eßl. Butter oder Schmalz

Die Erbsen über Nacht in dem Wasser quellen lassen. Danach mit dem Einweichwasser, mit Salz, Pfeffer, dem Thymian und der gehackten Zwiebel weich kochen. Überschüssige Brühe abschöpfen. Die Erbsen zu Brei stampfen und pürieren. Mit Butter oder Schmalz gehaltvoller machen.

Dazu noch Kartoffelpüree servieren.

Sauerkraut

Wenn im Herbst in Aachen die Glocken von St. Jacob läuten, dann – so sagen die Aachener augenzwinkernd – rufen sie „Kappesbure, Kappesbure" vom Turm.

Neben einigen wenigen anderen Wintergemüsen ist das Sauerkraut seit Jahrhunderten eines der am häufigsten zubereiteten. Die ideale Konservierungsmethode des Einsäuerns von Kohl machte es möglich, daß man sich davon einen großen Vorrat anlegte. Wen wundert es da noch, daß kluge Hausfrauen viel Geschick in der Erfindung zahlreicher Gerichte entwickelten, um den Angehörigen bei Tisch das tägliche Einerlei nicht allzusehr spüren zu lassen.

Das Sauerkraut, das als Gemüsebeilage gereicht wird, kocht man auch in Aachen nach dem Standardrezept.

Hier einige Aachener „Variationen".

Sauerkrautsuppe

Ein Seelen- und Magentröster nach feucht-fröhlichen Abenden!

250 g Sauerkraut, 1 Zwiebel, 2 rohe Kartoffeln, 1 Möhre, 1 Tomate, 1 Apfel, 40 g Schmalz, 2 Eßl. Schinkenwürfel, 2 l klare Brühe, Salz, Pfeffer, 1 Messerspitze gemahlener Lorbeer oder 1 Blatt, 6 Wacholderbeeren

Das Kraut klein schneiden. In der Brühe 20 Minuten vorkochen. Inzwischen das übrige Gemüse putzen und würfeln, dann in Schmalz mit den Schinkenwürfeln anbraten. Würzen. In die Suppe geben und 10 Minuten mitkochen lassen. Die Wacholderbeeren und das Lorbeerblatt herausfischen. Abschmecken und, wenn man die Suppe sämig haben will, leicht stampfen.

Sauerkraut mit weißen Bohnen

750 g Dickbein oder Bauchspeck, 4 geräucherte Mettwürstchen, 500 g Sauerkraut, 250 g weiße Bohnen, 125 g geräucherter fetter Speck, Salz, Pfeffer, Zucker

Die Bohnen über Nacht in Wasser einweichen. Am anderen Morgen das Dickbein mit nicht allzuviel Wasser aufsetzen und vorkochen. Nach etwa 30 Minuten gibt man die Bohnen und die Würstchen zu und läßt alles 1 Stunde lang kochen. Jetzt packt man das Sauerkraut auf die Bohnen und kocht das Gericht so lange, bis das Sauerkraut weich ist. Die restliche Brühe wird abgeschüttet. Der Speck wird gewürfelt und in der Pfanne ausgebraten. Fett und Grieben werden unter das Gemüse gehoben. Man schmeckt mit Salz und Pfeffer und eventuell mit 1 Teelöffel Zucker ab.

Das Dickbein und die Würstchen serviert man getrennt vom Gemüse mit Senf. Beilage: Kartoffelbrei. Vielfach hebt man heute auch kleine, gekochte Kartoffelstücke unter das Gemüse und packt das Fleisch oben auf das Gericht.

Da das Sauerkraut einen gewissen Säureanteil an die Bohnen abgibt, schmecken diese besonders herzhaft; das Gericht als ganzes aber ist milder als ein Sauerkraut-Eintopf ohne Bohnen.

Sauerkrautauflauf

Dieser Auflauf ist eine ideale Resteverwertung. Sehen Sie selbst:

5–6 gekochte Kartoffeln oder Kartoffelbrei, 250 g gekochtes Sauerkraut, Braten- oder Wurstreste, 3 Eier, 1/2 l Sahne, Salz, Pfeffer, Butter für die Form

Das Sauerkraut mit dem in Würfel geschnittenen Fleisch vermengen und in eine gebutterte Auflaufform legen. Darüber kommen die in Scheiben geschnittenen Kartoffeln (oder der Kartoffelbrei). Die Sahne mit den Eiern verquirlen, würzen und über den Auflauf gießen. 45 Minuten im vorgeheizten Ofen bei 200° C backen.

Sauerkrautsalat

250 g mildes Sauerkraut, 2 Äpfel, 1 Zwiebel, 2 Eßl. Öl, Salz, Pfeffer, Zucker nach Belieben

Das Sauerkraut klein schneiden, Äpfel und Zwiebel schälen und würfeln. Mit den übrigen Zutaten vermischen. Wenn das Sauerkraut sehr trocken ist, können sie das Gericht mit 1–2 Eßl. Weißwein oder Apfelmost (nicht aber Essig) anreichern.

Rotkohl

Wie für das Sauerkraut, so gilt auch für das Kochen von Rotkohl als Gemüsebeilage das allgemein übliche Rezept. Interessant ist die Variante der Aachener, die Rotkohl als Eintopf servieren.

Rotkohl durcheinander

1 kleinen Kopf Rotkohl wie üblich zubereiten. 750 g Kartoffeln schälen, kochen und in Würfel schneiden. Unter den Rotkohl mischen. Das Gericht leicht stampfen.

II. Salate

Heute vielfach vergessen, erfreute sich der Salat, ob Kopfsalat, Endivie oder Chicorée, als Gemüse gekocht, früher großer Beliebtheit. Den Belgiern in die Töpfe geguckt, übernahmen die Aachener dankbar diese köstlichen Gerichte.

Salatmus

2–3 feste Salatköpfe (je nach Größe), 1 l Brühe, 3–4 Eßl. Milch, ⅛ l Sahne, 40 g Butter, Salz, Pfeffer, geröstete Weißbrotwürfel

Die Salatköpfe waschen und abtropfen lassen. Vierteln und 10 Minuten in Brühe kochen. Auf ein Sieb schütten. Den Salat fest ausdrücken. Mit der Milch im Mixer pürieren. Die Sahne in einen Topf gießen. Den Brei dazugeben, mit Butter, Salz und Pfeffer verfeinern und bei offenem Topf breiartig einkochen lassen. Man serviert das Gericht warm zu Fleisch oder Fisch, bestreut mit den Weißbrotbröckchen.

Tip: Das Mus kann als Suppe serviert werden, wenn Sie es nach dem Mixen wieder mit der Brühe zusammenschütten und gut durchkochen lassen.

Überbackene Salatherzen

4 kleine feste Salatköpfe, 1 l Salzwasser
Für die Sauce: 40 g Butter, 40 g Mehl, 1/4 l Brühe, 1 Eigelb, etwas Sahne,
4–5 Eßl. geriebener Holländer Käse (z. B. Gouda oder Boerenkaas),
40 g gekochter Schinken

Die losen Blätter von dem Salat abbrechen. Die Herzen mit einem Faden umwickeln, damit sie zusammenhalten. In Salzwasser etwa 10 Minuten kochen.

Eine Auflaufform mit Butter ausstreichen. Die Fäden von den Herzen entfernen. Die Salatherzen möglichst eng aneinander mit dem Strunk nach oben in die Form legen.

Die Butter in einem Topf zerlassen, das Mehl darin anschwitzen. Mit der Brühe ablöschen und gut durchkochen. Mit etwas Sahne und dem Eigelb verfeinern. Den Käse und den in Würfel geschnittenen Schinken einrühren, über die Salatherzen gießen und im Ofen bei 250° C überbacken.

Endiviensalat
mit Kartoffel-Speck-Sauce

1 Kopf Endiviensalat, Öl, Essig, 1 Zwiebel, Salz, Pfeffer, 1 Prise Zucker,
2 gekochte Kartoffeln, 40 g gebratene Speckwürfel (mögl. Schinken-
speck)

Den Salat putzen, waschen, abtropfen lassen und in feine Streifen schneiden. Die Sauce aus Öl, Essig und der gehackten Zwiebel mit Salz, Pfeffer und wenig Zucker verrühren. Die Kartoffeln mit einer Gabel darin zerquetschen. Den Speck über den Salat streuen. Mit der Sauce übergießen, einmal durchheben und sofort servieren.

Notizen und weitere Rezepte

aus Aachen

Nudel - und Kartoffelgerichte

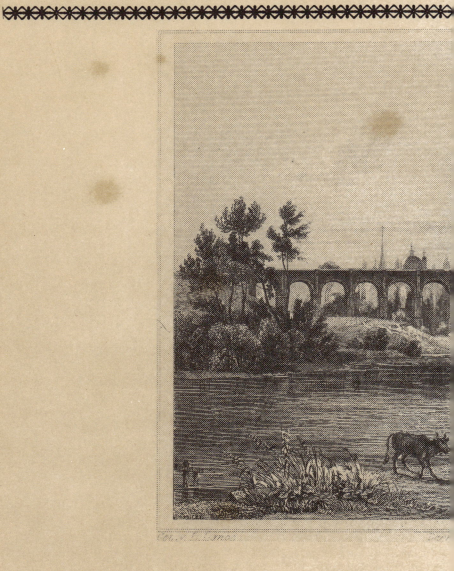

Viadukt bei Aachen

Makkaroni mit Backpflaumen

500 g Makkaroni, 4–5 l Salzwasser, 2 Eßl. Butter, 250 g Backpflaumen, 1/2 l Wasser, evtl. etwas Speisestärke, 1 Spritzer Zitronensaft, 1/2 Stange Zimt

Die Pflaumen über Nacht in dem Wasser einweichen und quellen lassen. Am anderen Morgen mit dem Einweichwasser, dem Spritzer Zitronensaft und der Zimtstange zum Kochen bringen. Bei mäßiger Hitze weich kochen. Will man das Kompott sämiger, dann dickt man es leicht mit Speisestärke an.

Das Salzwasser zum Kochen bringen. Die Nudeln einmal durchbrechen und in dem Wasser bißfest kochen. Abtropfen lassen und kurz mit kaltem Wasser abschrecken. Die Butter (kalt oder erwärmt) darunterheben.

Die Nudeln werden auf tiefen Tellern serviert, darüber gibt man das Backpflaumenkompott.

Kartoffel-Nudel-Pfanne

750 g gekochte Kartoffeln, 2–3 dicke Zwiebeln, 250 g gekochte Makkaroni, 500 g Bratwurst, 1 Eßl. Schmalz, 1 Eßl. Öl

Die Kartoffeln und Zwiebeln in Scheiben, die Makkaroni in löffelgroße Stücke schneiden. Schmalz und Öl in einer großen Pfanne erhitzen. Die Bratwurst rundum braun anbraten. Aus dem Fett nehmen und in 3 cm lange Stücke schneiden. Nun die Zwiebeln in dem Fett braten, danach die Kartoffeln und Nudeln. Zum Schluß die Bratwurststückchen daruntermischen und noch einmal kräftig durchbraten.

Mit Backpflaumenkompott (s. voriges Rezept) servieren.

Kartoffelpuffer

Kartoffelpuffer, Reibekuchen, Reibeplätzchen, wie immer man diese Pfannküchlein nennen mag, gehören ebenso zur rheinischen

Küche wie Sauerbraten und Mutzen. Auch Aachen macht da keine Ausnahme. Preiswert und nahrhaft, waren sie früher ein Arme-Leute-Essen, heute sind sie mit delikaten Beilagen ein beliebter Leckerbissen.

1 kg mehligkochende Kartoffeln, 2 Eier, Salz, 1 Eßl. Mehl, Öl oder Schmalz zum Braten

Die Kartoffeln schälen und auf einer Kartoffelreibe grob reiben oder oder im Mixer raffeln. Die Masse fest ausdrücken und mit den übrigen Zutaten zu einem Brei vermengen. Daraus in einer Pfanne in heißem Fett sofort kleine Küchlein backen.

Traditionell mit Apfelmus und rheinischem Schwarzbrot servieren.

Die moderne Version: Matjesfilets aufrollen, mit Kräuter-Crème-fraîche füllen und daraufsetzen. Oder mit Crème-fraîche und Kaviar servieren. Auch geräucherter Lachs bzw. Schinkenscheiben mit Frischkäse schmecken köstlich dazu.

Kartoffelklöße, halb und halb

1 kg rohe Kartoffeln, 1 kg gekochte Kartoffeln, 2 Eier, 1 Tasse Milch, Mehl (unterschiedlich viel, entsprechend der Kartoffelsorten)

Die rohen Kartoffeln schälen und in eine Schüssel mit kaltem Wasser reiben. Die gekochten Kartoffeln durch eine Presse drücken. Die geriebenen rohen Kartoffeln in ein mit einem Küchentuch ausgelegtes Sieb schütten. Pressen, damit die Masse schön fest ist. Beide Kartoffelarten mit den Eiern, der Milch und so viel Mehl verkneten, daß der Teig fest ist.

Salzwasser zum Kochen bringen. Aus dem Teig mit nassen Händen kleine Klöße formen. Diese in das Kochwasser legen und darin 20 Minuten ziehen lassen. Bitte nicht kochen!

Tip: Zunächst einen Probekloß kochen. Wenn Ihnen der Teig zu fest geraten sein sollte, dann geben Sie etwas von der Kartoffelstärke, die sich in dem ausgedrückten Wasser abgesetzt hat, dazu.

Notizen und weitere Rezepte

aus Aachen

Printen

Der Elisen-Brunnen

Kleiner geschichtlicher Exkurs

Die Kulturgeschichte Aachens ist seit dem Jahre 1466, in dem Karl der Kühne das belgische Städtchen Dinant an der Maas eroberte, eng mit den Printen verwachsen. Was nun aber haben Kriege mit den Printen zu tun? In Dinant waren zwei Berufszweige weit über die Grenzen bekannt: die Lebkuchenbäckerei und die Gelbgießerei. Durch die Zerstörung ihrer Stadt sahen die Lebküchner und die Gelbgießer wenig Chancen in der weiteren Ausübung ihres Berufs; sie wanderten also aus und machten es sich in Aachen heimisch. Die Gelbgießer gossen unter anderem auch Formen für Gebildbrote. Prachtvolle und kunstvolle Dekore entstanden. In diese Formen preßten die Lebküchner ihren Teig. Pressen – prenten – printen – so entstand der Name des Gebäcks und eines ganzen Berufsstandes, der wegen seiner Köstlichkeiten Adelsruhm verdient hätte. Der Teig war zu damaliger Zeit kompliziert herzustellen und langwierig in der Zubereitung. Da die Zuckergewinnung aus Rüben unbekannt war, nahm man zum Süßen den Rohrzucker, und als Treibmittel verwendete man Pottasche. Mehl gab dem Teig die Bindung, und Gewürze, fein aufeinander abgestimmt, gaben das Aroma. Die Gewürze handelte man teuer auf dem Markt. Orientfahrer, Kreuzritter und Handelsleute brachten diese Kostbarkeiten von ihren ausgedehnten Reisen mit und ließen sie sich zum Teil in Gold aufwiegen. So hütete also auch jeder Printenbäcker seine Mischungsrezepte wie einen Goldschatz.

Printenteig muß lange reifen. Die Pottasche entfaltet ihre Treibkraft erst nach einer gewissen Zeit. Wen wundert es da, daß man den Teig schon im Frühsommer „ansetzte", in den kühlen Keller stellte und erst zur Weihnachtszeit – der Zeit also, in der weniger Arbeit anfiel – weiter verarbeitete.

Als durch die Kontinentalsperre Napoleons der Rohrzucker knapp wurde, sann man auf andere Süßungsmethoden. Man nahm von da an den Rübenzucker, den man rings um Aachen selber herstellte. Der Rübenzucker aber machte den Teig zäh und gab die Formen beim „Prenten" nicht gut wieder. Deshalb rollte man den Teig nur noch aus und schnitt ihn in Streifen.

Zur Entwicklungsgeschichte der Formen aber sei noch ein Wort gesagt!

Zunächst verwendete man, wie oben beschrieben, gegossene Blechformen. Da diese aber von den Gelbgießern gekauft werden mußten, sann man auf neues Material. Die Printenbäcker nahmen das weniger teure Holz und schnitzten sich ihre Motive selbst hinein. Also mußte mit der Zeit jeder Lehrling zur Prüfung auch ein Model selbst schnitzen. Zu den typischen Formen gehören Blumen, Tiere, Motive mit religiöser Aussage – Aachen ist schließlich von alters her ein Wallfahrtsort –, Offiziere, Soldaten, vornehme Damen und Herren. Die Kleidertracht einer jeweiligen Zeitepoche läßt sich leicht aus solchen Modeln ablesen. Ablesen ließ sich aber auch mancher Unmut (über Politik und Zeitgeschehen), den man in den Holzformen zum Ausdruck brachte.

Viele dieser Modeln sind bei Bränden und in Kriegen verloren gegangen. Einige wenige sind erhalten und befinden sich im Heimatmuseum oder in privaten Sammlungen. Eine der schönsten und umfangreichsten findet man in dem Café van den Daele am Büchel.

Die Schnittprinten werden heute nicht mehr nur von den Bäckern gebacken, ein ganzer Industriezweig ist aus dem Handwerk hervorgegangen. Viele Zentner Printen – hübsch abgepackt – werden in alle Welt verschickt und sind um die Weihnachtszeit süße Botschafter für die Stadt Aachen.

Gewürzprinten

4 Eßl. Wasser, 100 g Honig, 500 g brauner Sirup, 200 g Farinzucker, 500 g Mehl, je 1 Teel. gemahlener Piment, Koriander und gemahlene Nelken, 2 Teel. gemahlener Zimt, 1 Messerspitze geriebene Muskatnuß, 1 Prise Natron, 5 g Pottasche

In einem Topf das Wasser erwärmen. Darin den Honig, den Sirup und den Zucker auflösen. Die Masse muß flüssig sein. Etwas abkühlen lassen. Natron und Pottasche in etwas Wasser auflösen. Alle flüssigen Zutaten unter das Mehl und die Gewürze kneten. 2 bis 8 Tage den Teig kühl, an dunklem Ort, ruhen lassen, damit er locker wird. Danach tüchtig durchkneten. Dann ausrollen. In 10 x 4 cm große Rechtecke schneiden. Ein Blech mit Backpapier auslegen. Die Printen bei 200° C 20 Minuten backen. Heiß mit etwas Zuckerwasser bestreichen. In Blechdosen aufbewahren. Darin bleiben sie hart. Wenn man sie weich haben möchte, legt man entweder 1 Stück Apfel mit in die Dose oder lagert sie einige Tage an einem feuchten Ort.

Das vorangehende Rezept ist auch das Grundrezept für folgende Printenarten:

Nußprinten

50 g gehackte Nüsse und 2 Eßl. Kakao mit in den Teig kneten. Schokoladenglasur auflösen, gehackte Nüsse hineingeben. Die Printen damit nach dem Backen überziehen.

Früchteprinten

In den Teig je 25 g Rosinen, gewürfeltes Orangeat und Zitronat kneten. Puderzucker mit etwas Zitronensaft anrühren und auf die gebackenen, erkalteten Printen streichen.

Schokoladenprinten

50 g Kuvertüre würfeln und in den Teig mengen. Außerdem die gebackenen Printen mit Kuvertüre überziehen.

Printen mit Makronenauflage

3 Eiweiß mit 250 g Puderzucker, 1 Päckchen Vanillezucker und 1 Prise Salz steif schlagen. 250 g feingemahlene Mandeln unterheben. Dick auf die Printen streichen und goldbraun abbacken. Mit Puderzuckerglasur überziehen.

Printenparfait

5 Gewürzprinten, 1 Eßl. Rum, je 2 Eßl. Rosinen, Zitronat und Orangeat, gehackte Nüsse, 2 Eßl. Rum, 3 Eigelb, 100 g Zucker oder Honig, 1 Päckchen Vanillezucker, je 1 Messerspitze Nelkenpulver, gemahlener Koriander, Muskatnuß und Ingwerpulver, $1/2$ Teel. Zimt, $1/2$ l Sahne, 1 Spritzer Zitronensaft

Drei Printen zerbröseln und mit dem Rum tränken. Die übrigen Printen ebenfalls zerbröckeln, aber in größere Stückchen. Die Rosinen, das gewürfelte Orangeat und Zitronat mit den Nüssen mischen, mit Rum anfeuchten.

Die Eigelb mit dem Zucker oder Honig im Wasserbad schaumig schlagen. Die Gewürze einarbeiten. In ein kühles Gefäß geben. Die Sahne steif schlagen. Die trockenen Printenstückchen sowie das Obst-Nuß-Gemisch mit etwas Zitronensaft und der Sahne unter die Eigelbcreme heben.

Den Boden einer Kastenform mit Folie auslegen. Die mit Rum getränkten Printenbrösel gleichmäßig darauf verteilen und etwas andrücken. Danach das Parfait einfüllen, glatt streichen und einige Stunden in einem Tiefkühlgerät fest werden lassen. Vor dem Servieren auf eine Platte stürzen und 10 Minuten in den Kühlschrank stellen. Danach in Scheiben schneiden.

1. Tip: Haben Sie die Gewürze nicht vorrätig, so nehmen Sie mehr Printen, weichen sie in etwas Sahne und Orangenlikör und mischen sie unter das Parfait.

2. Tip: Ohne den Gefriervorgang, gestützt durch 1 Päckchen weiße, gemahlene Gelatine, können Sie das Parfait wie eine Mousse servieren.

Notizen und weitere Rezepte

Gebäck und allerlei Süßes

HÆC RUI

VALE MORITVRVS

Læta juventa vale simul, et tu mœsta sene

Du frölich Jugent, Adi: Adi,
Du trawrigs Alter: Wie ich sih,

LA FUGIT.

Achen.

MORERE VICTVRVS

ur? ruit hæc subitò, sed fugit illa citò.

ins laufft vnd eÿlt gar vngestümm,
Das ander fährt auch schnell dahin.

Aus Meisners Schatzkästlein, um 1630

Aachens kulinarischer Ruhm wurde entscheidend von „all den süßen Sachen" geprägt. Neben den Printenbäckern, die eine bedeutende Fabrikation entwickelten und heute ihre Produkte besonders zur Weihnachtszeit in alle Welt verschicken, gab es andere, die bei der Verarbeitung von Kakao zu Meisterleistungen fähig waren. Die Schokolade brachte der Stadt Ruhm und Ehre, und die Mutzenmandeln lassen im Karneval die Herzen noch höher schlagen. Aber auch die vielen verschiedenen Fladenarten, klein und köstlich, ziehen zur Kaffeestunde die Süßmäuler an, und sie schmecken wahrlich nach mehr.

Mutzenmändelchen

Zum rheinischen Karneval gehören die Mutzenmändelchen ebenso wie die Prunksitzungen und Umzüge. In Aachen wirft sie der Prinz Karneval neben „Kamellen" und „Puttesstückchen" vom Wagen. Und wenn es eben möglich ist, so werden diese kleinen Köstlichkeiten selbst gebacken. Es ist eine stolze und lange Arbeit für die Bäcker, zentnerweise Mutzenmandeln zu backen und in kleine Tüten zu verpacken. Traditionsgemäß beginnt man mit dem Backen am Donnerstag vor Rosenmontag, dem sogenannten „fetten Donnerstag".

150 g Butter, 120 g Zucker, 1 Prise Salz, 500 g Mehl, 4 Eier, 1 Teel. Backpulver, 1/4 Teel. gemahlener Kardamom, 1 Prise gemahlene Nelken

Einen festen Teig kneten und dünn ausrollen. Mit einer Spezialform kleine Mandeln ausstechen und diese in heißem Fett goldbraun backen. Danach mit Vanille- oder Puderzucker bestreuen.

Tip: Frau Zimmermann, der ich viele Rezepte verdanke, nimmt 375 g Mehl und 125 g gemahlene Mandeln. Dadurch wird das Gebäck mürbe und geschmackvoller.

Aachener Spritzgebäck

125 g Butter, 125 g Zucker, 2 Eier, 175 g Speisestärke, 100 g Mehl, je 1/2 Teel. Zimt, Nelken und Kardamom (alle gemahlen), Abrieb von 1/2 ungespritzten Zitrone, 100 g gemahlene Mandeln

Einen festen Rührteig herstellen und durch eine Teigspritze verschiedene Formen wie Kränze, S-Schleifen, Stangen usw. auf das Backblech drücken. Bei 175° C nicht zu dunkel abbacken.

Tip: Statt der verschiedenen Gewürze können Sie heute 2 Eßl. Spekulatiusgewürz (im Handel fertig gemischt erhältlich) wählen.

Reisfladen

Ursprünglich in Belgien beheimatet, dem Land des Reishandels mit dem Orient, ist diese Spezialität vor vielen Generationen nach Aachen „ausgewandert" und dort für alle Einheimischen und Touristen zu einem beliebten Kaffeegebäck geworden.

Zunächst wird der Reisbrei gekocht. Er muß gänzlich auskühlen, bevor man ihn auf den Hefeteig streicht.

Für die Reisfüllung: 150 g Rundkorn- (Milch-)reis, 1/2 bis 3/4 l Milch, 1 Prise Salz, 125 g Zucker, 1 Päckchen Vanillezucker, 3 Eigelb, 2 Eiweiß, abgeriebene Schale von 1/2 ungespritzten Zitrone
Für den Hefeteig: 300 g Mehl, 80 g Butter, 1 Prise Salz, 1 Prise Zucker, 20 g Hefe, knapp 1/4 l Milch, 2 Eier

Den Reis waschen und abtropfen lassen. Dann mit der Milch und dem Salz in einem Topf bei mäßiger Hitze ausquellen lassen (ca. 30 Minuten). Die Eigelb mit dem Zucker, dem Vanillezucker und dem Zitronenabrieb schaumig schlagen. Unter die heiße Masse heben. Auskühlen lassen.

Inzwischen den Hefeteig zubereiten:

Das Mehl in eine Schüssel sieben, in die Mitte eine Mulde drücken. Die Hefe mit dem Salz und etwas lauwarmer Milch verrühren. In die Mulde gießen und mit wenig Mehl zu einem kleinen Vorteig rühren. 20 Minuten quellen lassen. Die übrigen Zutaten zugeben und alles gut verkneten. Den Teig mit Mehl bestäuben und wieder 20 Minuten aufgehen lassen. Zwei kleine (18 cm Durchmesser) Kuchenformen mit herausnehmbarem Boden einfetten und mit Mehl bestäuben. Den Teig ausrollen und in die Formen legen. Den Rand hochziehen.

Die Eiweiß steif schlagen. Unter die kalte Reismasse heben. Diese auf den Teig streichen und bei 225° C etwa 25–30 Minuten im vorgeheizten Ofen backen. Die Oberfläche sollte leicht angebräunt sein. Warm als Dessert oder ausgekühlt zum Kaffee servieren.

Tip: Heiße Kirschen und geschlagene Sahne dazu reichen.

Variante: Aus dem flachen Fladen können Sie leicht einen großen Kuchen machen. Schlagen Sie eine Springform (26 cm Durchmesser) mit einem Mürbeteig aus, füllen Sie die Reismasse ein und backen Sie den Kuchen 1 Stunde lang.

Aachener Spießfladen

Der Spießfladen wird im Volksmund auch „Schwarzer Fladen" genannt, wohl deshalb, weil er zum Beerdigungskaffee gereicht wird; ein anderer Grund könnte sein, weil seine Füllung aus dunklem Pflaumenmus besteht.

Für den Teig: Siehe Reisfladen (Rezept Seite 70)
Für die Füllung: 250 g Trockenpflaumen ohne Stein, 1/4 l Rotwein,
1 Stück Zimtstange, 1 Prise Nelkenpulver, 1 Prise gemahlener Anis,
etwas Zitronensaft

Die Pflaumen am Vortag mit dem Rotwein begießen und im Kühlschrank quellen lassen. Dann mit den Gewürzen weich kochen. Überschüssigen Saft wegschütten. Die weichen Pflaumen zu einem festen Brei pürieren. Auskühlen lassen.

Den Hefeteig zubereiten wie im Rezept Reisfladen. 2/3 davon ausrollen und eine 24 cm Durchmesser große gebutterte und bemehlte Backform damit ausschlagen. Den Rand hochziehen.

Die Füllung auf den Boden streichen. Das restliche Teigdrittel ausrollen und in schmale Streifen schneiden. Mit Eigelb bestreichen. Gitterartig auf den Kuchen legen. Bei 175° C etwa 30 Minuten backen.

Aachener Tip: Zu den Pflaumen 2 getrocknete Birnen geben.

Obstfladen

Für den Teig: Siehe Reisfladen (Rezept Seite 70)
Für die Füllung: Beliebiges, gekochtes Obst, etwas Speisestärke,
1 Eigelb

2/3 des Teigs ausrollen und in eine 24 cm Durchmesser große, gefettete, bemehlte Tortenform legen. Den Rand hochziehen. Das Obst andicken. Den restlichen Teig ausrollen, in Streifen schneiden und mit Eigelb bestreichen. Das Obst auf den Teig geben. Die Teigstreifen gitterartig obenauf legen und goldgelb abbacken.

Aachener Flan

Ein Originalrezept aus dem 19. Jahrhundert:

„Man nehme 9 Eier (von fünfen läßt man das Weiße weg) und klopfe sie in einer Schüssel gut durcheinander. Man gieße eine Maß Rahm dazu, süße nach Belieben mit Zucker, gebe etwas Zimt dazu und vermische dieses recht mit den Eiern. Diese Schüssel setze man auf einen Kessel mit kochendem Wasser und lasse sie so lange auf demselben stehen, bis die Masse durch den heißen Dampf steif geworden ist. Alsdann bestreue man den Flan mit Zimt und Zucker.“

Original: Man halte eine glühende Schaufel darüber, damit der Flan schön braun wird.

Heute: Kurz unter den Grill schieben. Man ißt den Flan warm oder auch kalt mit Obst oder Fruchtsaft.

Schokolade

Wer „Aachen“ sagt, der sollte nicht nur Karl den Großen meinen oder an Printen denken, der kann auch nicht an der „Chocolade“ vorbeisehen.

Als Leonhard Monheim Mitte des 19. Jahrhunderts auf einer seiner vielen Fahrten in der Schweiz die Kakaobohne kennenlernte, da stand es für ihn fest: Aachen, seine Heimat, sollte an diesem Genuß teilhaben. Aber von der „himmlischen Bohne" bis zur fertigen Schokolade bedurfte es noch vieler Jahre. Monheim, Apotheker am Hühnermarkt (das Haus ist das heutige Couvenmuseum), nahm einen italienischen Chocolatier in seine Dienste, und schon bald schwelgte ganz Aachen im Schokoladengenuß. Von da an ging der Siegeszug der Kakaobohne und des Endprodukts unaufhaltsam weiter. Von weit her kamen die Leute in die Stadt, um diese Köstlichkeit zu genießen, sei es als Trinkschokolade oder als „Tafel", sei es als Printenüberzug oder gar als Praline.

Chocoladensuppe

(Originalrezept aus dem 19. Jahrhundert)

„Man röste 2 Löffelvoll schönes Weizenmehl ohne Schmalz braun, rühre es aber sorgsam um, damit es nicht anbrennt, gieße alsdann eine Maaß siedende Milch darein und rühre sie gut ab. Nun reibe man 4 Loth Chocolade dazu, schlage 2 Eydotter und etwas Zucker in kalter Milch ab und rühre sie dann darunter. Man stelle sie aufs Feuer, lasse sie während des Umrührens gut auskochen und richte sie über gerösteten Weißbrotscheiben an."

Poschweck

Poschweck ist ein Osterbrot. Frisch gebacken, dick mit Butter bestrichen, bildet der Weck heute eine willkommene Abwechslung auf der nachmittäglichen Kaffeetafel. Früher war er das Ostergebäck schlechthin.

750 g Mehl, 60 g Hefe, 3/8 l lauwarme Milch, 125 g weiche Butter, 60 g Zucker, 3 Eier, je 50 g gewürfeltes Zitronat, Orangeat und Würfelzucker, Butter und Zucker als Garnitur

Aus den Zutaten schlägt man einen glänzenden, geschmeidigen Teig. Aufgehen lassen. Mit so viel Mehl verkneten, daß ein lockerer, nicht klebender Teig daraus entsteht. Zu einem länglichen Brot formen. In der Mitte der Länge nach einen Schnitt einkerben und nochmals 20 bis 30 Minuten aufgehen lassen.

Abbacken bei 200° C etwa 50–60 Minuten. Noch warm mit flüssiger Butter bestreichen und mit feinem Zucker bestreuen.

„Franchipan"

Eigentlich heißt dieses Gebäck offiziell „Frangipane". Die Aachener aber verdeutschen das Wort auf rheinische Art.

500 g Blätterteig (Tiefkühlware), 1 Glas Aprikosenmarmelade
Für die Füllung: 250 g Zucker, 250 g Mehl, 4 Eier, 8 Eigelb, 1 1/2 l Milch,
1 Vanillestange, 1 Prise Salz, 50 g gestoßene Makronen, 100 g Butter

Die Milch mit dem Salz und der Vanillestange aufkochen und ziehen lassen. Zucker, Eier, Eigelb und Mehl verrühren. Die Vanilleschote aus der Milch nehmen. Die heiße Milch langsam unter Rühren unter die Masse mengen. 2 Minuten kochen lassen. Ständig rühren, damit die Füllung nicht anbrennt. In eine Schüssel füllen. Die Butter und die Makronenbrösel unterarbeiten.

Kleine Schiffchenformen mit Wasser ausspritzen.

2/3 des ausgerollten Blätterteigs in die Förmchen drücken. Den Rand etwas andrücken. Die Franchipanmasse einfüllen. Aus dem restlichen Blätterteig schmale Streifen schneiden und jeweils 2 davon kreuzweise diagonal auf die Törtchen legen. Mit flüssiger Butter bestreichen und bei 200° C goldbraun backen.

Die Marmelade im Wasserbad weich und glatt rühren. Damit recht dünn die heißen Törtchen überpinseln. Gut auskühlen lassen, aber möglichst frisch verzehren.

Variante: Das Gebäck wird ebenso gern mit einem guten Mürbeteig zubereitet.

Notizen und weitere Rezepte

Getränke

FRANKENBERG UND AACHEN

N^{BERG} & AIX LA CHAPELLE

Bier

Was trank man früher in Aachen, so mag sich manch einer fragen, der heute unter einer Vielzahl von Getränken wählen kann. Während man im Süden von jeher schon Wein anbaute, beschied man sich in unseren Regionen mit dem Bier.

Schon die alten Germanen verbrachten ihre geselligen Stunden rund um den Bierkessel.

Karl der Große bestimmte später in seiner Hofgüterverordnung von 812, daß neben Handwerkern auch „Brauer, welche Bier, Apfel- oder Birnwein oder ein anderes Getränk zu bereiten verstehen", am Hofe beschäftigt werden müßten.

Bier, durch die Gärung von gesundheitsschädlichen Keimen gereinigt, war über den geselligen Aspekt hinaus auch ein „Gesunderhalter". So stand denn im Mittelalter jedermann ein gewisses Quantum an Bier zu.

Gebraut wurde zunächst in fast jeder größeren Familie, dann in Brauhäusern. Und weil man zum Brauen große Kupferpfannen brauchte, nannte man diese Braustuben auch „Pannhäuser". Die Wehrschaften, die es in jedem Stadtviertel gab, tranken dort nach ihren Besprechungen auf nachbarschaftliche Beziehungen.

Selbst die Ratsmitglieder bekamen als Sitzungsgeld einen sogenannten „Saufgroschen", mit denen sie ihren Becher Bier bezahlen konnten.

Mandelmilch

Dieses Getränk, gut gekühlt, trank man im Mittelalter sommertags. Es erfrischte und nährte gleichermaßen.

125 g geschälte, gemahlene Mandeln, Rosenwasser, 125 g Zucker, 1 l Wasser

Die Mandeln mit dem Zucker und so viel Rosenwasser, daß die Masse gut feucht ist, in einen Mörser geben, kräftig stampfen. Darunter das Wasser rühren. 1 Stunde stehen lassen, durch ein Seihtuch ablaufen lassen und auspressen. Gut kühlen.

Tip: Der Geschmack wird herzhafter, wenn man einige bittere Mandeln mitstampft.

Notizen und weitere Rezepte

aus Aachen

Inhaltsverzeichnis

ACHEN VON DER SÜDSEITE

NEUEN ANPFLANZUNGEN

Nudel- und Kartoffelgerichte

Printen

Gebäck und allerlei Süßes

Getränke

Festmahl

zu Ihren
Sr. Eminenz des Hochwürdigsten Herrn
Kardinals u. Erzbischofs
Philippus Krementz.

Aachen, den 6. Juni 1893.

Speisenfolge.

Italienischer Salat.

Frühlings-Suppe.

Lachsforellen, Butter, neue Kartoffeln.

Rehbraten mit frischen Gemüsen.

Kalbskopf nach Schildkrötenart.

Französische Masthühner mit eingemachten Früchten.

Ostender Hummer.

Salat Mayonnaise.

Eis.

Aufsatz.

Nachtisch.

Kaffee.

HAUPTKIRCHE ZU ACHEN.

AQVISGRANUM